2. Lesestufe — Erstleser

Mats und Pia retten eine Robbe

Programmleitung Monika Schlitzer
Redaktionsleitung Martina Glöde
Projektbetreuung Christian Noß
Herstellungsleitung Dorothee Whittaker
Herstellungskoordination Katharina Schäfer
Herstellung und Gestaltung Claudia Bürgers
Covergestaltung Sabine Hüttenkofer

1. Auflage, 2020

Text Sabine Frank
Lektorat Linda Sturm-Becker

ISBN 978-3-8310-3976-0

Repro Farbsatz, Neuried/München
Druck und Bindung TBB, a.s., Slowakei

MIX
Aus verantwortungsvollen Quellen
FSC www.fsc.org
FSC® C022120

www.dorlingkindersley.de

Der DK Verlag dankt sehr herzlich Frau Janne Sundermeyer von der Seehundstation Friedrichskoog für das fachliche Lektorat zum Thema „Seehunde", One Earth-One Ocean/ Gruppe Nord in Kiel für die fachliche Beratung zum Thema "Plastikmüll im Meer", Detlev von der Goltz/Video Media Kiel für seine freundliche Unterstützung und natürlich Ebba und Jo sowie allen anderen Fotomodels.

Der Verlag dankt außerdem folgenden Personen und Organisationen für die freundliche Genehmigung zum Abdruck ihrer Bilder:

(Abkürzungen: o=oben, u=unten, M=Mitte, l=links, r=rechts)

1 Seehundstation Norddeich. 4, 6, 8 Frank Schmerschneider. 9 Alamy Stock Photo: Luc Hoogenstein / Buiten-Beeld. **10 iStockphoto.com:** Ian_Sherriffs (Ml); jgareri (ur). **11 Alamy Stock Photo:** Arndt Sven-Erik / Arterra Picture Library (ol). **iStockphoto.com:** BehindTheLens (Mr). **12, 13, 14 Frank Schmerschneider. 15 iStockphoto.com:** veliferum. **16, 19 Frank Schmerschneider. 19 iStockphoto.com:** lu-pics (ur). **21 Frank Schmerschneider. 21 iStockphoto.com:** Canetti (or). **23 Frank Schmerschneider. 23 Seehundstation Norddeich** (Mr). **25, 26 Seehundstation Norddeich. 28 iStockphoto.com:** lu-pics (ul). **29 123RF.com:** milena1234 (Strand); popmarleo (Fisch); Anna Tyuhmeneva (u/Plastikmüll). **30 Frank Schmerschneider. 30-31 123RF.com:** vasilevki (Muschelschale). **32-33 123RF.com:** Anna Tyuhmeneva (u). **33, 34 Frank Schmerschneider. 35 iStockphoto.com:** lu-pics (u). **36 Frank Schmerschneider. 37 123RF.com:** Yulia Ryabokon (Plastikmüll); Klara Viskova (Ozean). **38-39 123RF.com:** macrovector (Fische). **38 123RF.com:** andreykuzmin (Mo/Schild); vasilevki (Mlo/Muschelschale). **39 Frank Schmerschneider. 41 123RF.com:** alexutemov (Blauer Sattelzug); Andrei Krauchuk (M); draganmilenkovic (Flaschen). **41** © DPG Deutsche Pfandsystem GmbH (Logo ol). **41 Arbeitskreis Mehrweg GbR** (Logo or). **41 Frank Schmerschneider** (Kinder u). **43, 44 Frank Schmerschneider. 46 Dreamstime.com:** Mrhanson. **48, 49, 50, 51 Frank Schmerschneider. 53, 54, 55 Seehundstation Norddeich. 56 Bye Bye Plastic Bags** (ol). **56 Frank Schmerschneider** (ul). **57 4Ocean** (or). **57 The Ocean Cleanup** (ur).

Cover: *Vorn:* **Fotolia:** Peter Wey. *Hinten:* **Seehundstation Norddeich.**

Inhalt

Ein Seehund in Not

Mats und Pia machen mit ihrer Mutter Urlaub an der Nordsee. Sie suchen am Strand nach Muscheln.
Das Wasser ist kühl und schwappt in leisen Wellen über ihre Füße.
Schweigend gehen sie am Ufer entlang.

Da hören sie plötzlich ein seltsames Plätschern. Es kommt von einem kleinen Haufen in der Nähe. Pia läuft schnell hin. „Ein Fischernetz!“, ruft sie.
Auch Mats sieht den zappeligen Netzklumpen. „Da ist was drin!“, ruft er aufgeregt. „Bestimmt ein Seeungeheuer!“
„Quatsch“, meint Pia.
„Vielleicht ein Hai“, vermutet Mats.
Pia schaut genauer hin. „Ein Hai mit Fell? Das ist eine Robbe!“, ruft sie überrascht.

Sie beugt sich noch tiefer über das Netz. „Genau genommen: ein kleiner Seehund!“
Der Seehund zappelt hilflos im Netz und verheddert sich immer mehr.
„Robbe, Seehund, das ist doch das Gleiche“, meint Mats.
„Denkst du!“, sagt Pia und erklärt: „Jeder Seehund ist zwar eine Robbe, aber nicht jede Robbe ist ein Seehund! Seehunde sind nämlich eine von 34 Robbenarten.“

Mittlerweile haben sich einige Menschen am Ufer versammelt. Neugierig beobachten sie das Tier.

„Wie süß, ein Seehund!“, ruft eine Frau.

„Wir müssen ihn befreien“, sagt ein Mann.

„Darf ich ihn streicheln?“, fragt ein Junge.

„Nein, auf keinen Fall!“, hören Mats und Pia ihre Mutter sagen. Sie hat den kleinen Tumult am Ufer beobachtet und ist herbeigeeilt.

„Seehunde sind Raubtiere. Auch kleine Seehunde haben schon scharfe Zähne.“ Die Mutter von Mats und Pia ist Meeresbiologin. Deshalb kennt sie sich auch mit Seehunden gut aus.
„Seehunde sind scheu. Hier am Strand sind so viele Menschen, da ist es sehr unwahrscheinlich, dass die Seehundmama in der Nähe ist“, sagt sie. „Wir müssen die Seehundstation benachrichtigen. Die kümmern sich um verwaiste Seehundbabys.“

„Gleich wirst du gerettet“, raunt Mats dem kleinen Seehund zu, während seine Mutter telefoniert.
„Du brauchst noch einen Namen, nicht wahr?“, flüstert Pia. Sie überlegt. „Wie wäre es mit ‚Charlie‘?“

Nach kurzer Zeit erscheint ein Mann. Er trägt einen Rucksack auf dem Rücken. „Ich bin Ole Jensen“, sagt er. „Die Seehundstation hat mich informiert. Wo ist denn das Tier?“ Mats und Pia führen ihn durch die Menschenmenge.

„Oje“, murmelt Ole Jensen, als er Charlie erblickt. „Verdammtes Geisternetz!“ Er nimmt ein Messer aus seinem Rucksack. Ritsch-Ratsch! Mit wenigen Schnitten befreit er das Tier.

Wie gut, dass er Schutzhandschuhe trägt! Denn Charlie hat Angst und schnappt mit seinen spitzen Seehundzähnen nach ihm.

„Ouuu – ouuu“, heult das kleine Seehundbaby.
„Ganz ruhig, du kleiner Heuler“, redet Herr Jensen mit sanfter Stimme auf Charlie ein.
„Heuler?“ Fragend blickt Mats Herrn Jensen an.
„So nennt man kleine Seehundbabys, die ihre Mutter verloren haben“, erklärt Herr Jensen. „Dann rufen sie nämlich ganz kläglich nach ihr. Weil das wie Heulen klingt, nennt man sie Heuler.“

Seehundbabys

Seehundbabys werden im Sommer auf Sandbänken geboren. Sie können sofort schwimmen.

Wenn das Seehundbaby erschöpft ist, zieht die Seehundmutter ihr Junges auf dem Rücken durch das Wasser.

Dazu hält sich das
Junge mit seinen
Krallen am Fell der
Mutter fest.

Bei Ebbe wird
das Kleine
auf einer
Sandbank
gesäugt.

Wenn du ein einsames, heulendes Seehundbaby am Strand findest, halte Abstand, streichele das Seehundbaby nicht und benachrichtige die Seehundstation.

Um Charlie zu beruhigen, bedeckt Herr Jensen seinen Kopf mit einem Handtuch. Dann untersucht er sein Fell. Zum Glück hat Charlie keine Verletzungen.

„Ouuu – ouuu“, tönt der Seehund erneut. „Der kleine Heuler ist vermutlich zwei bis drei Wochen alt“, erklärt Herr Jensen dann. „In diesem Alter wird er eigentlich noch von seiner Mutter gesäugt. Deshalb kann er ohne sie in freier Wildbahn nicht überleben. Ich bringe ihn in die Seehundstation. Dort werden ihn die Mitarbeiter aufpäppeln.“

„Dürfen wir Charlie mal besuchen?“, fragt Pia Herrn Jensen zum Abschied. „Klar, jederzeit. Fragt am Eingang der Seehundstation nach Frau Peters. Sie führt euch dann sicher gerne zu Charlie.“

Das hört sich gut an, finden Mats und Pia. Auch ihre Mutter freut sich darauf, Charlie bald wiederzusehen.

Geister im Meer

Die Kinder schlendern mit ihrer Mutter weiter am Meeresufer entlang. Hoffentlich lebt Charlie sich schnell in der Seehundstation ein, denkt Mats besorgt.
Auch Pia ist mit ihren Gedanken noch immer bei Charlies Rettungsaktion.
„Was meinte Herr Jensen mit ‚Geisternetz'?“, fragt sie nach einer Weile zaghaft.
„Gibt es im Meer etwa Geister?“
„Nein“, beruhigt ihre Mutter sie.

„Geisternetze nennt man frei herumschwimmende Fischernetze. Tonnenweise landen sie täglich im Meer. Beim Fischen verhaken sie sich am Meeresgrund und reißen von den Schiffen ab. Oder Fischer werfen kaputte Netze einfach ins Meer. Dann treiben sie dort meist jahrelang. Für viele Meerestiere werden die Netze zur Falle. Sie sind aus Plastik. Es dauert bis zu 600 Jahre, bis sich so ein Netz zersetzt hat."
„Wieso holt die denn keiner raus?", fragt Mats empört.
„Einige Organisationen machen das", erklärt seine Mutter.

Verfolgungsjagd am Strand

Mittlerweile sind dicke, graue Regenwolken am Himmel aufgezogen. Der Wind bläst Pudersandwolken über den Strand. Was holpert denn da durch den Sand? Ein kaputter Joghurtbecher! Bevor der Joghurtbecher ins Meer wehen kann, hebt die Mutter ihn auf und steckt ihn ein.

„Nicht nur alte Fischernetze sind für die Meerestiere gefährlich“, erklärt sie ihren Kindern.
„Auch unser Plastikmüll ist für sie eine große Bedrohung. Die Meerestiere fressen den Müll nämlich, weil sie ihn mit Nahrung verwechseln.
Das Plastik verstopft den Magen und die Tiere werden krank. Oder sie verhungern. Denn mit Plastik im Bauch fühlen sie sich oft satt und fressen nichts mehr.“
„Oh …“ Mats ist sprachlos.
Pia schaut entsetzt.

„Viele Touristen lassen ihren Müll einfach am Strand liegen“, fährt ihre Mutter fort. „So wird er von der nächsten Flut ins Meer gespült. Oder der Wind weht ihn vom Strand ins Wasser. Andere Menschen werfen ihre Abfälle achtlos in die Landschaft. Von dort treiben Wind und Regen den Plastikmüll in die Flüsse. Und die Flüsse schwemmen ihn ins Meer.“

„Sieh mal, Mama, da fliegt schon wieder was über den Strand. Eine Plastiktüte!“, ruft Pia. Sie versucht, die Tüte einzufangen.
„Schneller, Pia, gleich weht sie ins Meer!“, ruft Mats.
Auch die Mutter feuert ihre Tochter an: „Los, Pia, du schaffst es!“

Gut, dass der Wind plötzlich nachlässt. Die Plastiktüte wird langsamer.
Das ist Pias Chance: Mit einem großen Sprung stürzt sie sich auf die Tüte und begräbt sie unter ihrem Bauch.
„Hab ich dich endlich!“, keucht Pia atemlos. „Du bist kein Tierfutter!“
„Das war knapp“, meint Mats.
Die Mutter steckt auch die Plastiktüte ein. „Diesen Müll werfen wir gleich in die gelbe Tonne“, sagt sie.

„Denn damit kann auch etwas Sinnvolles geschehen: Dieser Plastikmüll kann nämlich recycelt werden.“

Recyceln schont die Umwelt

„Rie…was?“ Dieses Wort hat Mats noch nicht gehört.
„Recyceln bedeutet wiederverwerten“, erklärt seine Mutter. „Dazu wird Plastik zerkleinert und eingeschmolzen. Anschließend werden daraus neue Dinge hergestellt. Zum Beispiel Parkbänke. Oder sogar Radwege.“
„Und warum ist das gut?“, will Mats wissen.
„Weil das unsere Umwelt schont“, antwortet seine Mutter. „Denn Plastik wird aus Erdöl hergestellt. Wenn wir Plastik recyceln, muss der Erde nicht erneut Erdöl entnommen werden. Das ist gut, denn Erdöl ist ein Bodenschatz – genau wie Gold und Edelsteine.

Es ist nur in begrenzter Menge
vorhanden und deshalb wertvoll.“
„Ich liebe Schätze“, sagt Mats.
„Dann musst du deinen Müll immer gut
sortieren“, meint Pia. „Damit man ihn
recyceln kann. Sonst ist einer von den
Schätzen bald futsch.“

Pia kann nicht einschlafen

An diesem Abend gehen Mats und Pia schon früh zu Bett. Mats schläft sofort ein. So viel Seeluft macht richtig müde.
Pia ist noch wach. Sie lauscht dem Wind. Leise pfeift er um das Ferienhaus und rüttelt sanft an den Rollläden.
Irgendwie beruhigend, findet Pia. Aber einschlafen kann sie trotzdem nicht. Sie denkt an Charlie. Wie es ihm wohl geht?, fragt sie sich.
„Hey Pia, du schläfst noch nicht?“, fragt die Mutter leise, als sie noch einmal in das Kinderzimmer schaut.
Pia schüttelt den Kopf. „Ich denke an Charlie“, antwortet sie. „Bestimmt kann auch er nicht schlafen. Für ihn ist doch alles so neu in der Seehundstation …“
Die Mutter setzt sich zu Pia ans Bett.
„Das mag sein“, meint sie.

„Aber er wird dort sehr liebevoll versorgt."
„Meinst du, er hat schon einen Freund gefunden?", fragt Pia.
Die Mutter zuckt mit den Schultern.
„Vielleicht", antwortet sie. „Wir können ihn ja in den nächsten Tagen einmal besuchen und schauen, wie es ihm geht."
„Super Idee, Mama", findet Pia und strahlt.
„Dann schlaf jetzt schön …" Pias Mutter gibt ihr einen Gutenachtkuss.
„Und träum was Schönes."
„Ja …", murmelt Pia müde.
„… von Charlie."

Zu Besuch in der Seehundstation

Die Mutter lenkt das Auto auf den Parkplatz. Mats und Pia sind aufgeregt. Vier Tage ist Charlie nun schon in der Seehundstation. Endlich werden sie ihn wiedersehen.
„Hallo zusammen“, grüßt Frau Peters die Familie. „Wie schön, dass ihr euren kleinen Freund Charlie besuchen wollt.“

Sie führt Mats, Pia und die Mutter in den Aufzuchtbereich. Hier sind viele kleine Gehege. In jedem Gehege befindet sich ein Wasserbecken.
Darin tummeln sich kleine Seehunde. Oder sie liegen am Beckenrand und dösen in der Sonne.
„Ou, ou, ou“, tönt es aus den Gehegen. Und es riecht nach Fisch.
Mats rümpft die Nase. „Du magst wohl keinen Fischbrei“, lacht Frau Peters.

„Fischbrei?“ Mats schüttelt sich. „Igitt!“
„Aber Charlie liebt ihn. Gerade eben ist er damit gefüttert worden.“
Frau Peters zeigt auf ein Gehege.
„Da vorne ist Charlie!“
„Hey Charlie!“, ruft Mats von Weitem.
Pia kneift die Augen zusammen.
Was ist denn das für ein helles Fellknäuel neben Charlie? Sie tritt ganz dicht an das Gehege heran.

Ein winzig kleiner Seehund liegt dort!
Sein weißgraues Fell ist schwarz getupft.
Mit seiner hellroten Zunge fährt er durch Charlies Gesicht!
„Ooooh“, flüstert Pia andächtig. „Ist der süß!“
„Der sieht ja aus wie ein Plüschtier“, sagt Mats leise.

„Tonka, bist du denn immer noch nicht satt?“, fragt Frau Peters lachend. Sie dreht sich zu den Kindern um. „Tonka schleckt Charlie Breireste vom Maul. Sie kann einfach nicht genug davon bekommen.“
Und Charlie? Der hält ganz still.
„Bestimmt mag er Tonka“, meint Pia.
„Da kannst du ganz sicher sein“, sagt Frau Peters. „Sonst hätte er das kleine Seehundmädchen längst abgewehrt. Tonka und Charlie sind beste Freunde.“
Pia strahlt. Charlie hat eine Freundin gefunden. Es geht ihm gut!

Dann führt Frau Peters die Familie durch die Seehundstation.
„Wenn Charlie sich eine dicke Fettschicht angefuttert hat, darf er zurück in die Freiheit. Wollt ihr bei Charlies Auswilderung dabei sein?“, fragt sie zum Abschied.
Und ob Mats und Pia das wollen!

„Auf Wiedersehen“, sagt die Mutter und schüttelt Frau Peters die Hand. „Wirklich toll, was Sie für die Seehunde tun.“
„Ich würde auch gerne was für Seehunde tun“, murmelt Mats leise.

Aber Frau Peters hat gute Ohren. „Das kannst du auch“, sagt sie und drückt ihm einen Flyer in die Hand. „Am meisten freuen sich die Seehunde nämlich, wenn ihr Lebensraum – das Meer – schön sauber bleibt.“

Beach-Clean-up
spricht man:
bietsch-klien-ap

BEACH-CLEAN-UP
Beim Bootsverleih
Sonntag
10.00 Uhr
an der Hohen Düne

Beach-Clean-up

Nachdem sie ins Auto gestiegen sind, schaut Mats sich den Flyer genauer an.

„Beach-Clean-up …?“ Dieses Wort hat er noch nie gehört. Was soll denn das heißen?

„Beach-Clean-up ist Englisch und bedeutet Strandreinigung“, erklärt seine Mutter. „Viele Menschen sammeln gemeinsam den Müll vom Strand.“

„Damit die Flut den Plastikmüll nicht ins Meer spült“, kombiniert Pia.
„Und damit der Wind ihn nicht ins Wasser weht.“
„Und damit Charlies Lebensraum sauber bleibt“, ergänzt Mats.
„Nicht nur Charlies Lebensraum“, erklärt die Mutter. „Der Lebensraum aller Meerestiere.“
„Sonntag zehn Uhr an der Hohen Düne“, liest Mats von dem Flyer vor.
„Coole Aktion“, findet Pia. „Jedes Plastikteil weniger im Meer kann Tierleben retten. Also – ich bin dabei. Mats?“
„Klar, ich auch!“

Sammler in Aktion

Am Sonntagmorgen warten bereits einige Leute beim Bootsverleih an der Hohen Düne.

Durch ein Megafon begrüßt ein Mann die freiwilligen Helfer.

„Hey Leute! Schön, dass ihr da seid. Ich bin Nick. Und da vorne bei den Booten, das ist Sören.“

Sören hat ein rosafarbenes T-Shirt an und winkt freundlich. „Wir arbeiten beide für den Meeresschutz“, fährt Nick fort.

Dann teilt er die Helfer in zwei Gruppen ein. Mats möchte in Sörens Gruppe. Die sammelt den Müll am Meeresufer. Vielleicht finde ich dort auch ein paar schöne Muscheln, überlegt Mats.

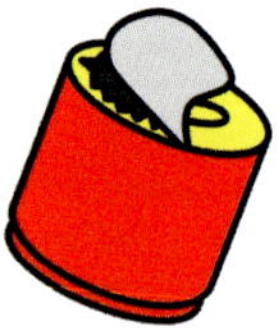

Pia ist auch in Sörens Gruppe.

Mama ist in Nicks Gruppe und winkt den Kindern von den Dünen aus zu.

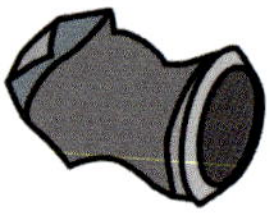

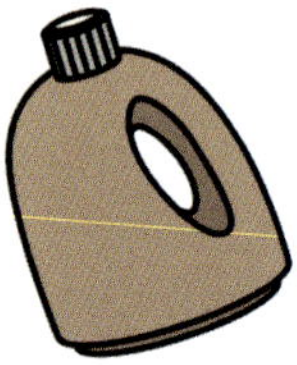

Dann werden Schutzhandschuhe verteilt.
Mats ergattert eine Greifzange für den Müll.
„Cool“, freut er sich. „Dann muss ich mich ja gar nicht bücken.“
„Du Opa“, zischt Pia ihm zu. Sie hätte auch gerne eine Zange gehabt.
Sören faltet einen weißen Müllsack auseinander. Und dann geht’s los.

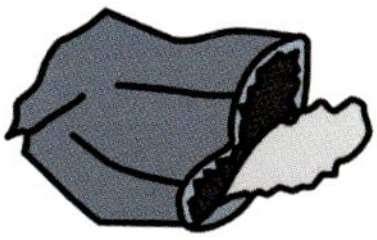

„Ich hab was“, ruft Pia. Sie hat einen Plastikbecher gefunden.

„Ich auch“, ruft ein Mädchen und hält einen kaputten Luftballon in die Luft.

„Bäh“, stöhnt Mats. Er hat eine Babywindel gefunden. Gut, dass er eine Greifzange hat.

Alle werfen ihre Fundstücke in den Sack.
„Seltsam“, bemerkt Pia nach einer Weile.
„Ich finde fast nur Müll aus Plastik.“
„So seltsam ist das gar nicht!“, sagt Sören. „Eigentlich sogar logisch.“
Pia überlegt. „Vielleicht … weil wir so wahnsinnig viel Plastikmüll haben?“
„Genau!“, meint Sören.

„Ich hab Durst“, ruft Mats dazwischen.
„Ich auch“, ruft ein anderes Kind.
„Also gut“, sagt Sören. „Lasst uns zu Kolles Fisch-Bar gehen. Sie liegt gleich hinter den Dünen. Da können wir alle etwas trinken.“
Pia ist sehr nachdenklich. Warum haben wir denn so viel Plastikmüll?, fragt sie sich.

Sören erklärt Plastikmüll

Du willst wissen, warum wir Menschen so viel Plastikmüll haben? Ganz einfach: Fast alles lässt sich aus Plastik herstellen. Und dazu auch noch preiswert! Deshalb werden daraus auch so gerne Verpackungen gemacht. Zum Beispiel Joghurtbecher, Bonbontüten oder Plastikbeutel. Diese Verpackungen nutzen wir aber oft nur ganz kurz. Und sie sind wertlos für uns. Wegwerfprodukte eben. Also kein Drama, wenn wir sie irgendwo vergessen, finden viele Menschen. Oder in die Natur werfen, denken manche sogar.

Aber falsch gedacht! Plastik hat nämlich noch eine Eigenschaft: Es ist superlange haltbar. Wenn es vom Land ins Meer gelangt, ist das ein Riesenproblem, denn dort kann man es nicht so einfach aufsammeln! Und darum bleibt es für die Meeresbewohner für sehr lange Zeit eine Gefahr.

150 Millionen Tonnen Plastikmüll befinden sich bereits in den Weltmeeren. Und jedes Jahr kommen ungefähr 10 Millionen Tonnen hinzu!

Können wir etwas dagegen tun? Klar, jeder kann das. Am Ende dieses Buches findest du dazu wichtige Tipps!

Wie lange braucht der Müll im Meer, um abgebaut zu werden?

Plastiktüte
10–20 Jahre

Plastikflasche
450 Jahre

Blechdose
50 Jahre

Getränkedose
200 Jahre

Papiertaschentuch
2–4 Wochen

Apfelrest
2 Monate

„Das dauert ja ewig!“, stöhnt Mats. Der Weg durch die Dünen kommt den Kindern endlos vor. Und ihr Durst wird immer größer.
Endlich! – Hinter der nächsten Kurve taucht das Schild auf:

Mats und Pia stürmen als Erste zum Tresen. Da schwingt auch schon die Küchentür auf. Kolle – groß und stattlich wie ein Seebär – erscheint. Er grinst die Kinder freundlich an.
„Moin, ihr beiden“, grüßt er. „Was darf’s denn sein?“
Pia schaut sich um. „Limo heute nur 1 Euro“, liest sie auf einem Schild.
„Ich nehme eine Limonade“, sagt sie.
Mats bestellt das Gleiche.

Kolle stellt zwei Flaschen auf den Tresen. „Das macht zwei Euro fünfzig“, sagt er dann.

Pia bezahlt. „Bist du verrückt, Pia?“, zischt Mats ihr zu. „Kolle hat geschummelt. Ein Euro und ein Euro sind doch zwei Euro. Und kein Cent mehr!“
Das hat Kolle gehört. „Du bist mir ja ‘ne schlaue Makrele“, sagt er zu Mats. „Hältst mich wohl für einen alten Schummelhering …“

„Na ja“, meint Mats. „Zwei mal ein Euro sind jedenfalls nicht zwei Euro fünfzig.“
„Genau“, schaltet sich Pia ein. „Ich habe 50 Cent zu viel bezahlt. Die will ich zurück.“

„Bekommst du auch“, sagt Kolle. „Die beiden Flaschen sind nämlich Pfand-flaschen. Das heißt: Beim Kauf dieser Flaschen zahlt ihr das Getränk und zusätzlich Pfandgeld für die Flasche. Und das Pfandgeld gibt’s zurück, wenn ihr mir die leeren Flaschen zurückgebt.“

„Was ist das denn für ein seltsames Spiel?“, fragt Mats.
„Spiel?“ Kolle ist entrüstet. „Das ist kein Spiel, das ist ein cooler Trick: Denn so sind die leeren Flaschen plötzlich wertvoll und niemand wirft sie in die Dünen oder lässt sie am Strand liegen.“

Pfandflaschen aus Plastik

Du kannst die Pfandflaschen aus Plastik leicht erkennen:

Flaschen mit diesem Etikett werden recycelt.

Flaschen mit diesem Etikett können mehrfach befüllt werden.

Für alle anderen Plastikflaschen bekommst du kein Pfandgeld. Die musst du im gelben Sack oder in der gelben Tonne entsorgen.

Mehrwegflaschen-Kreislauf

Mehrwegflaschen sind Pfandflaschen, die mehrfach verwendet werden.

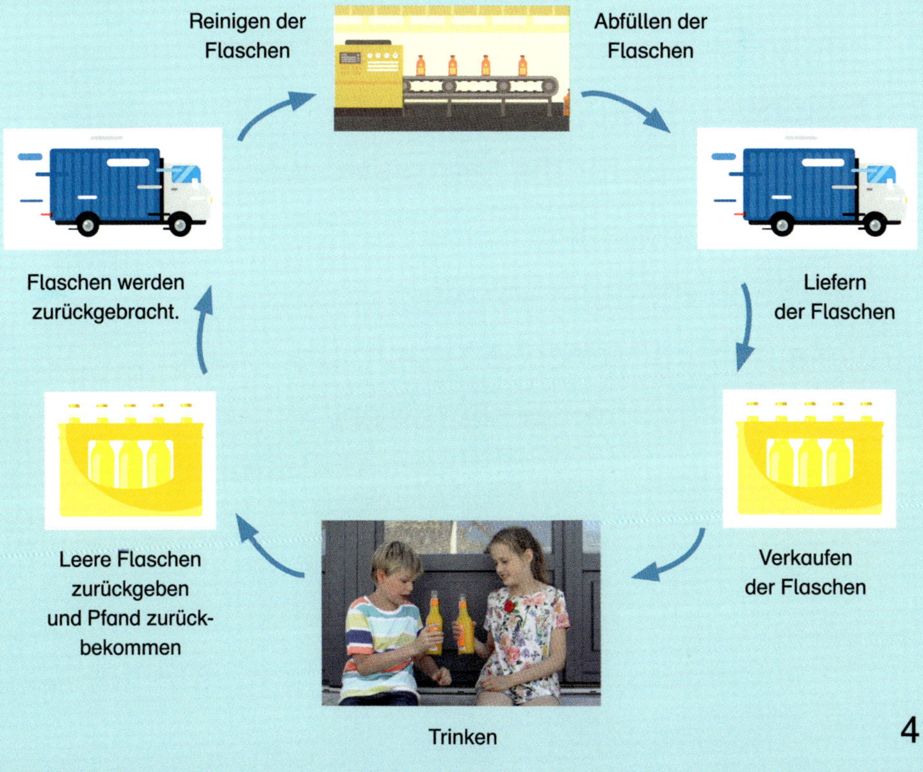

Pia überlegt. „Ich hab aber eben viele Flaschen vom Strand aufgesammelt. Stimmt also nicht, was du uns erzählst.“ „Oh doch“, entgegnet Kolle. „Die Sache mit den Flaschen hat nämlich einen Haken: Nicht alle Flaschen sind Pfandflaschen. Die, die ihr am Strand gefunden habt, sind sehr wahrscheinlich keine. Und damit wertlos für die Leute. Diese Flaschen landen häufig als Müll in den Dünen. Oder die Leute lassen sie am Strand liegen.“

„Dann sollte es am besten nur Pfandflaschen geben“, meint Pia. „Dann wären alle Flaschen für die Menschen wertvoll und würden nicht in der Umwelt landen.“ „Das seh ich auch so“, sagt Kolle. „Und viele andere Menschen auch. Sie fordern Gesetze, die das vorschreiben.“

Pia schaut Mats an. „Kolle hilft also mit, den Strand sauber zu halten“, sagt sie. „Er ist kein Schummelhering.“
Mats nickt. „Stimmt“, sagt er. „Kolle ist ‘ne coole Scholle.“

Eine besondere Seekuh

Nach der kleinen Trinkpause in Kolles Fisch-Bar gehen die Kinder mit Sören wieder zurück zum Strand. Pia denkt an die Flaschen und den anderen Müll, den sie schon gesammelt haben. Und an all den Müll, der wahrscheinlich längst ins Meer gelangt ist.

„Ich wünschte, ich wäre eine Meerjungfrau“, sagt Pia.
„Typisch Mädchen“, meint Mats und verdreht die Augen.
Aber Sören versteht, worauf Pia hinaus will. „Dann könntest du den Müll aus dem Meer fischen!“
„Genau!“, ruft Pia. „Kein Seehund würde sich mehr in einem Geisternetz verfangen. Und kein Tier würde Plastik fressen.“

„Tja, leider gibt es keine Meerjungfrauen“, sagt Sören. „Aber ich kenne eine Seekuh, die Plastikmüll aus dem Meer fischen kann.“

„Waaas?“, rufen Pia und Mats entgeistert. Pia schaut Sören besorgt an. Ob er zu viel Sonne abbekommen hat? Vielleicht hätte er eine Kappe aufziehen sollen, überlegt sie.

Mats stellt sich eine dressierte Seekuh vor, die Kunststücke im Wasser vorführt. Sören muss lachen, als er in ihre verwirrten Gesichter blickt. „Kommt einfach morgen früh zum Hafen. Bootssteg drei. Ich erwarte euch. Mit der Seekuh.“ Ungläubig sehen die beiden ihn an. „Ehrenwort“, fügt er sicherheitshalber hinzu.

Als die Mutter von Mats und Pia am Abend die Geschichte mit der Seekuh hört, schmunzelt sie. „So, so“, meint sie. „Eine Seekuh im Hafen … Die wollen wir uns morgen doch einmal ansehen.“

„Die Seekuh ist bestimmt in einem abgesperrten Becken“, vermutet Mats, als sie das Hafengelände am nächsten Morgen betreten.
„Wehe, wenn Sören uns einen Bären aufgebunden hat“, sagt Pia. „Dann rede ich kein Wort mehr mit ihm.“

Da ist Sören. Er hat zwei rote Rettungswesten im Arm, die er Mats und Pia hinhält.
„Anziehen“, sagt er grinsend, nachdem er die Familie begrüßt hat.

Vielleicht fahren wir mit einem Boot zu der Seekuh, denkt Pia und zieht die Rettungsweste über.
Auch Mats zieht die Weste an. „Wo ist denn jetzt die Seekuh?“, fragt er gespannt.
„Gleich um die Ecke!“, sagt Sören und führt die drei durch den Hafen.
„Hier ist sie“, sagt er dann. Die Kinder schauen ins Hafenbecken. Kein Tier weit und breit.

„Cooles Ding da", meint Mats und zeigt auf einen großen Katamaran.
„Lies mal, was darauf steht", fordert Sören Mats auf.
„See… SEEKUH! Ich fass es nicht! Das ist die Seekuh?"
Sören nickt. „Das ist ein Müllsammelschiff. Und es heißt Seekuh!"
Mats und Pia dürfen das Müllsammelschiff betreten.

„Mit den Netzen kann die Besatzung den Plastikmüll aus dem Meer fischen“, erklärt Sören. „Dabei fährt das Schiff so langsam, dass Fische und Meeressäuger den Netzen ausweichen können. Anschließend sortiert die Mannschaft den Müll in die Mülltonnen an Bord.“ Dann zeigt Sören den Kindern das Führerhaus.

„Cool“, staunt Mats. „Ich wäre auch gern Meeresschützer.“

„Du bist bereits ein Meeresschützer, wenn du so wenig Plastik wie möglich verbrauchst“, sagt Sören. „Denn Müllsammelschiffe allein können die Plastikflut in den Weltmeeren nicht stoppen. Alle Menschen müssen mithelfen! Wenn wir weniger Plastik verbrauchen, wird auch weniger Plastik hergestellt. Und dann wird auch weniger Plastikmüll in den Ozeanen landen!“

Tschüss, Charlie!

Der Urlaub an der Nordsee ist zu Ende. Mats und Pia gehen schon wieder in die Schule. Und Charlie? Der ist zu einem kräftigen, jungen Seehund herangewachsen. Heute darf er zurück in die Freiheit. Wie versprochen hat Frau Peters die Familie benachrichtigt. Mats und Pia sind aufgeregt.
„Ob ich Charlie wiedererkenne?“, überlegt Mats. „Das letzte Mal hab ich ihn vor zwei Monaten gesehen, als er noch ein Baby war.“

Die Autofahrt dauert ewig, findet Pia.
„Wie lange noch?“ fragt sie ihre Mutter.
„Die Hälfte haben wir geschafft. Jetzt noch eine halbe Stunde“, antwortet sie.
An einem ruhigen Strandabschnitt treffen sie Frau Peters. Zwei Mitarbeiter der Seehundstation sind ebenfalls da.

Nahe am Wasser stehen drei große Flechtkörbe.
„Hallo zusammen“, grüßt Frau Peters.
„In diesem Korb ist Charlie.“
Mats darf den Deckel ein Stück weit öffnen: Zwei große, dunkle Kulleraugen blicken ihn an.

„Mensch, Charlie, altes Haus“, raunt Mats dem Seehund zu. „Du bist ja ein Riese geworden!“
„Und richtig kräftig siehst du aus“, bemerkt Pia.
Die Kinder dürfen Charlies Korb vorsichtig kippen, sodass der Seehund in die Freiheit robben kann. Dann wird der nächste Korb geöffnet. Wer kommt denn da heraus? Das ist doch Tonka!

Mats und Pia freuen sich: Charlie darf mit seiner Freundin zusammenbleiben! Auch der dritte Seehundkorb wird geöffnet. „Pass gut auf dich auf, Charlie“, flüstert Pia dem Seehund zum Abschied zu.

Zögernd robben die drei Seehunde zum Wasser. Ein Seehund verschwindet in den Wellen. Tonka folgt ihm. „Jetzt du, Charlie!“, ruft Pia. Doch bevor Charlie seiner Freundin folgt, wendet er noch mal den Kopf und schnaubt freundlich. Das bedeutet „Tschüss, Mats und Pia!“, da sind sich die beiden ganz sicher. Dann taucht Charlie vergnügt in die nächste große Welle.

Meeresschützer-geschichten

Tschüss, Plastiktüten!

Die beiden Mädchen Melati und Isabel sammelten auf Bali Plastikmüll von den Stränden und schenkten den Ladenbesitzern Stoffbeutel und Papiertüten für die Kunden. Den Gouverneur brachten sie dazu, die Plastiktüten auf Bali zu verbieten.

Eine besondere Seekuh

Günther Bonin, der Gründer von der Organisation One Earth – One Ocean, hat eine Müllabfuhr für das Meer entwickelt: Bevor der Plastikmüll über Flüsse ins Meer gelangt, fischen Müllsammelschiffe ihn aus dem Wasser. Das erste Müllsammelschiff „Seekuh“ hat 2018 in Hongkong Müll aus dem Meer geholt.

Surfer sammeln Müll

Gegründet von den Surfern Alex und Andrew, sammelt die Organisation 4Ocean in vielen Ländern den Plastikmüll aus dem Wasser und recycelt ihn zu Perlenarmbändern. Mit dem Verkauf wird das Herausfischen des Plastikmülls aus dem Meer finanziert.

Ein riesiges Müllsieb

Der Niederländer Boyan Slat war mit 16 Jahren zum Tauchen in Griechenland. Dort sah er unter Wasser mehr Plastik als Fische. Das wollte er ändern: Deshalb gründete er später die Organisation The Ocean Cleanup und entwickelte eine schwimmende Barriere. Damit soll der Müll im Meer festgehalten und von Schiffen abtransportiert werden.

Jeder kann Meeres-schützer sein

Wie Mats und Pia kannst du zum Beispiel bei einem Urlaub am Meer an einem Beach-Clean-up teilnehmen.
Vermeide unnötiges Plastik: Benutze Stoffbeutel, Korb oder Rucksack zum Einkaufen.
Kaufe nach Möglichkeit frisches, unverpacktes Obst und Gemüse, Brot an der Brottheke, statt in Plastik verpackt, und Getränke in Pfandflaschen.
Verzichte auf Plastikbecher und Plastiktrinkhalme.
Und sprich mit deinen Eltern darüber.
Ganz wichtig: Plastikmüll immer richtig sortieren, damit er recycelt werden kann.

Wenn alle mitmachen, sind wir einen Riesenschritt weiter!

Das Meeresschützer-Quiz

1. Wie viele Robbenarten gibt es?

2. Wie nennt man umhertreibende Fischernetze im Meer?

3. Woraus wird Plastik hergestellt?

4. Womit werden die kleinen Seehunde in der Seehundstation gefüttert?

5. Wie heißt der Fachbegriff für die Wiederverwertung von Müll?

6. Warum ist unser Plastikmüll für die Meerestiere gefährlich?

7. Warum sind Beach-Clean-ups wichtig?

Antworten auf Seite 64

Raketenrucksack selbst gebaut

5 ... 4 ... 3 ... 2 ... 1 ... Start!

Würdest du gern mal ins All abheben? Dann brauchst du diesen Rucksack. Spüle zwei Plastikflaschen aus, folge der Anleitung und auf geht's ins Weltraumabenteuer!

Startklar? Schneide aus rotem, orangem und gelbem Seidenpapier 18 Flammen aus (jede etwa 18 cm lang).

Das Recyceln von alten Plastikflaschen durch Basteln ist auch eine gute Art, Müll zu vermeiden.

Du brauchst

Rotes, gelbes und oranges Seidenpapier • Schere • 2 Plastikflaschen • Gafferband • Pappe • Sticknadel • Gummiband • Schwarzes, gelbes, rotes und graues Isolierband • 2 Flaschendeckel • Weißleim

1. Wickle 2 Streifen Gafferband um jede Flasche. Lege die Flaschen nebeneinander. Binde jetzt die beiden Flaschen mit 2 Streifen Gafferband zusammen.

Schneide ein Stück Pappe von etwa 16 cm Breite und 25 cm Länge zu.

2. Klebe unten auf die Pappe Gafferbandstreifen. Lass einen Erwachsenen in alle Ecken Löcher bohren und fädle durch die Löcher Gummiband für die Armschlaufen. Verknote das Gummi.

3. Lege 35 cm Gafferband mit der Klebeseite nach oben auf den Unterrand der Pappe. Klebe es mit 2 Streifen Gafferband fest.

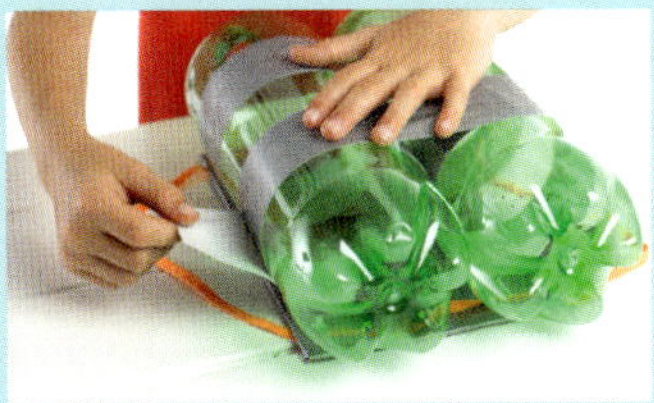

4. Lege die Flaschen auf die Pappe und klebe beide Enden des 35 cm langen Gafferbandstreifens an die Seiten der Flaschen.

5. Lege 9 Flammen mit den breiten Enden auf einen Streifen Isolierband. Wickle das Band mit den Flammen daran oben um eine Flasche. Mach es mit den restlichen Flammen an der zweiten Flasche genauso.

6. Wickle gelbes und rotes Isolierband um die Mitte der beiden Gafferbandstreifen. Klebe jetzt 2 Flaschendeckel mit grauem Isolierband zusammen und befestige sie mit Leim seitlich an einer der Flaschen.

Liebe Eltern,

Lesen macht Spaß! Denn es gibt so viele spannende Geschichten. Und Lesen ist sehr nützlich, denn viele Informationen erschließen wir uns lesend. Beides sollte Ihr Kind am Ende seines Leselern-Prozesses erfahren haben.

Mit den **SUPER**LESER!-Büchern für Erstleser möchten wir Ihrem Kind genau das vermitteln. Die Leseabenteuer in drei verschiedenen Lesestufen verbinden wunderbar spannende Geschichten mit vielen interessanten und nützlichen Sachinformationen in unterschiedlichen Textformen wie Berichten, Briefen, Bastelanleitungen, Rezepten oder Infotafeln.

So können Sie Ihr Kind dabei unterstützen, dass es begeistert und erfolgreich lesen lernt:

Haben Sie Geduld! Nicht jedes Kind ist eine geborene Leseratte und manche brauchen etwas länger, um sich mit dem Lesen anzufreunden. Lesen Sie Ihrem Kind auch weiterhin vor. Dabei bekommt es ein Gefühl für fließendes Lesen, ausdrucksstarke Sprache und richtige Betonung. Fragen Sie es immer wieder einmal, ob es Ihnen vorlesen möchte. Seien Sie geduldig. Irgendwann wird die Neugier auf die Geschichten siegen.

Je mehr, desto besser! Mit jedem Text, den Ihr Kind liest – sei es ein Gedicht, eine Geschichte oder ein Sachtext –, werden sich seine Lesefähigkeit, sein Gefühl für Sprache und sein Verständnis schwieriger Wörter weiterentwickeln. Am besten liest es regelmäßig, aber nur so lange, wie es mag. Dabei reichen am Anfang zehn Minuten völlig aus.

Nicht zu schnell! Achten Sie darauf, dass Ihr Kind sich Zeit nimmt, jedes Wort in Ruhe auszusprechen und seine Bedeutung zu verstehen. Die Sachtexte sind für Ihr Kind etwas schwerer zu lesen als die erzählenden Passagen. Loben Sie Ihr Kind, wenn es sich ein schwieriges Wort erschlossen hat oder einen Satz noch einmal anders betont liest, nachdem es den Sinn verstanden hat.

Seien Sie ein guter Zuhörer! Wenn es bereit ist, lassen Sie Ihr Kind laut vorlesen und hören Sie ihm aufmerksam zu. Unterbrechen Sie es nur, wenn es wirklich nötig ist. Oder machen Sie zwischendurch, zum Beispiel vor Beginn eines neuen Kapitels, kleine Pausen, in denen Sie über das Gelesene sprechen. Auch die Quizfragen am Buchende bieten eine spielerische Möglichkeit, das Textverständnis zu überprüfen.

Geteilte Freude ist doppelte Freude! Laden Sie andere Zuhörer und Vorleser – Geschwister, Großeltern oder gute Freunde – ein: Lesen Sie mit verteilten Rollen oder veranstalten Sie einen Lesenachmittag. Nach der ersten Aufregung werden Stolz und Freude an den geteilten Geschichten überwiegen.

Seien Sie Vorbild! Wenn Sie selbst viel lesen, wird auch Ihr Kind dies als selbstverständliche und erfüllende Beschäftigung kennenlernen.

Spaß muss sein! Wählen Sie die Bücher und Texte nach den Interessen Ihres Kindes aus. Das erhöht die Lust aufs Lesen und sorgt für lang anhaltende Motivation.

Wir wünschen Ihnen und Ihrem Kind viel Freude beim gemeinsamen Lesen!

Begriffe

Auswilderung
Tiere werden aus der beschützten Aufzucht in die Freiheit entlassen.

Besatzung
Seeleute auf einem Boot

Freie Wildbahn
Freie Natur

Gouverneur
Oberhaupt von einem Gebiet (zum Beispiel von einer Insel)

Katamaran
Boot mit zwei Rümpfen, die mit einem Aufbau verbunden sind. Ähnelt ein bisschen einem Schlitten

Meeresbiologe
Wissenschaftler, der sich mit dem Leben im Wasser beschäftigt

Seehundstation
Ein Gebäude mit Außengehege, wo kranke oder verwaiste Seehunde gepflegt werden

Verwaistes Seehundbaby
Seehundbaby, das seine Mutter verloren hat (wird dann auch Heuler genannt)

Antworten zum Quiz auf Seite 59:
1. 34, **2.** Geisternetze, **3.** Erdöl, **4.** Fischbrei, **5.** Recycling, **6.** Sie verwechseln Plastik mit Nahrung und fressen den Müll. Davon können sie krank werden oder sterben., **7.** Damit weniger Plastikmüll ins Meer gelangt.

2. Lesestufe Erstleser

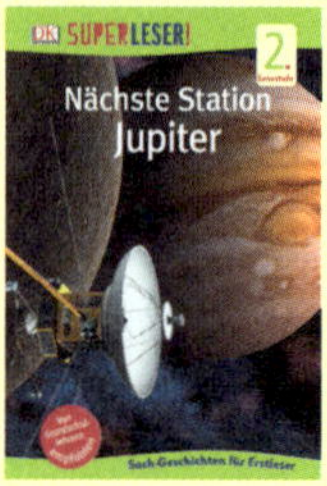